DOCUMENTS DIPLOMATIQUES

AFFAIRE RABEAU

SUIVIE D'UNE

CORRESPONDANCE POLITIQUE

PAR

Charles HAENTJENS

Ex-chargé d'affaires d'Haïti à Paris, ex-secrétaire d'État des Finances et du Commerce.

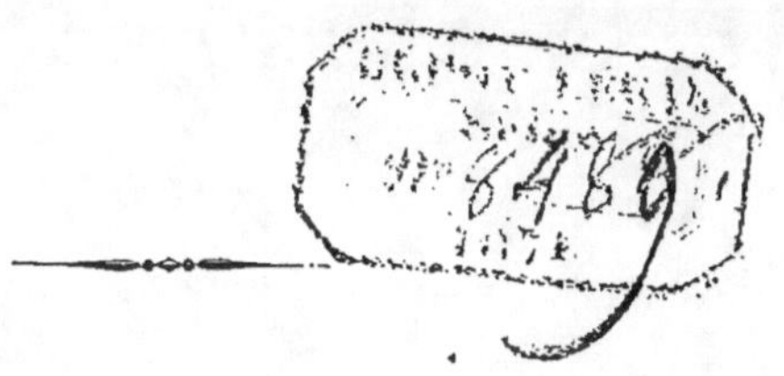

PARIS

IMPRIMERIE CENTRALE DES CHEMINS DE FER

A. CHAIX ET Cie

RUE BERGÈRE, 20, PRÈS DU BOULEVARD MONTMARTRE

1875

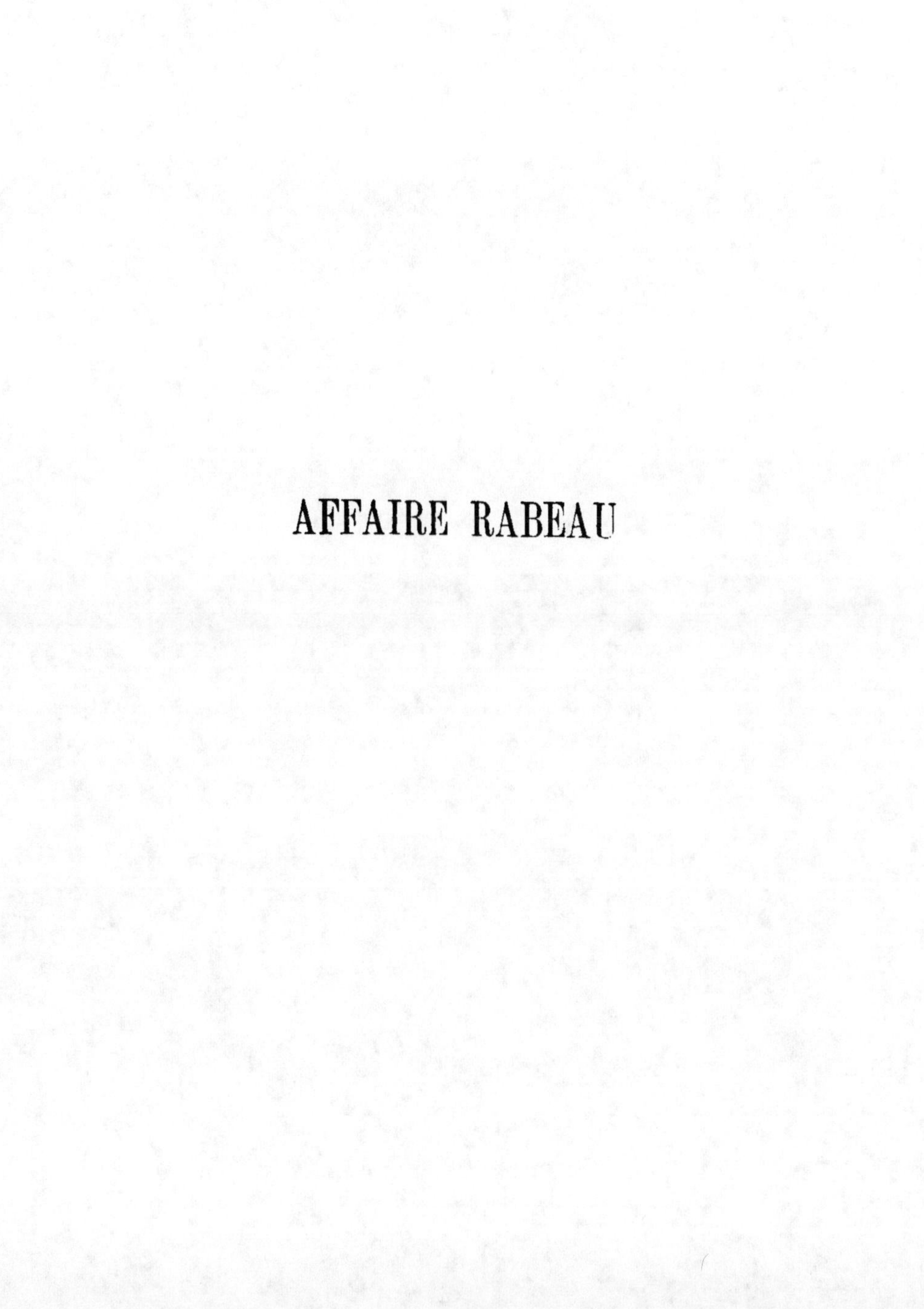

AFFAIRE RABEAU

LÉGATION D'HAITI
A PARIS
—

Paris, le 27 juillet 1864.

A M. le Secrétaire d'État des Relations Extérieures.

MONSIEUR LE SECRÉTAIRE D'ÉTAT,

Je sors du Ministère des affaires étrangères, où j'avais été invité à me rendre aujourd'hui, à trois heures, par une lettre dont je vous envoie copie.

Je présumais que le Ministre me faisait appeler pour m'entretenir de l'affaire Laubarède et je m'étais préparé, en relisant les documents en ma possession, à profiter de cette occasion pour convaincre M. Drouyn de Lhuys de notre bon droit; mais quel ne fut pas mon étonnement, quand je compris aux paroles qu'il m'adressa, après m'avoir fait asseoir auprès de lui, qu'il s'agissait d'un autre incident sur lequel je n'étais pas suffisamment édifié pour me tenir en garde.

— Excusez-moi, me dit M. Drouyn de Lhuys, de vous avoir dérangé. Nous avons le plus vif désir de maintenir, sur un pied amical, nos relations avec le gouvernement haïtien...

— C'est aussi le nôtre, lui ai-je répondu; Votre Excellence peut en être convaincue.

— Il s'agit d'un fait grave, poursuivit le Ministre des

affaires étrangères. Permettez-moi, pour en faire saisir toute la portée, de vous donner lecture d'une note qui a été préparée, non pour vous, mais pour moi.

Alors il me lut le projet d'une note de six pages qui doit être adressée au Consul de France à Port-au-Prince, pour être remise à notre gouvernement et relative à des plaintes et réclamations formulées contre nous par le sieur Rabeau, homme de couleur français (textuel), établi à Port-au-Prince, lequel aurait été, d'après un rapport du Consul de France, contraint de fuir de notre pays et de renoncer à ses affaires, afin d'échapper à une arrestation que rien ne motivait; selon cette note, le sieur Rabeau aurait été officiellement averti qu'on lui retirerait sa patente et qu'il devrait cesser son commerce à partir du 1er janvier prochain, et cela en vertu du droit constitutionnel, attribué au Président d'Haïti, à l'égard des étrangers établis dans le pays et qui s'occuperaient de sa politique. Il est question, en outre, dans la même note, de plusieurs autres Français dont la situation se trouverait compromise (toujours d'après le rapport du Consul) par suite d'une menace du retrait de leur patente, malgré les traités qui promettent toute garantie et protection du gouvernement haïtien aux intérêts des sujets français.

Après avoir terminé sa lecture, M. Drouyn de Lhuys m'a exprimé d'un ton toujours courtois et bienveillant, mais néanmoins assez péremptoire, tout le déplaisir et le mécontentement avec lesquels le gouvernement impérial apprenait de semblables mesures, qu'il ne saurait ni admettre ni tolérer, à l'égard de ses nationaux, dont il était résolu à faire respecter partout les intérêts et le droit.

Un peu surpris, je l'avoue, d'être pris au dépourvu sur une affaire dont on me faisait comprendre en termes si pressants toute la gravité, mais sur laquelle je manquais de renseignements directs et positifs, je ne voulus pas, néanmoins, laisser le Ministre sous l'impression exclusive des rapports du Consul de France, sans tenter, au moins, d'atténuer, autant que je le pouvais, les couleurs sombres à travers lesquelles il envisageait cette affaire. Je regrette beaucoup de n'avoir pas été informé des détails de cet incident, au moins en même temps que M. Drouyn de Lhuys ; car j'aurais réussi, j'en suis sûr, à épargner à notre gouvernement l'envoi d'une telle note. J'ai néanmoins la certitude morale que mes loyales explications, données avec sincérité, en auront fait adoucir certains passages, qui m'avaient douloureusement affecté, pour notre dignité. Il fallait répondre séance tenante, car la note doit être envoyée au consulat français, par le prochain courrier du 2 août, probablement, et je n'avais pas le temps d'attendre l'arrivée des dépêches, à la fin du mois.

Voici donc, en substance, ce que j'ai cru devoir répondre à Son Excellence :

— Je puis affirmer au gouvernement impérial que celui d'Haïti n'a rien de plus à cœur que d'assurer et de protéger la sécurité personnelle et les intérêts des citoyens français établis dans notre pays, ainsi qu'il l'a prouvé, constamment, par sa conduite à leur égard, et souvent même dans des cas trop fréquents où le bon droit était de son côté.

Quant à ce fait du départ précipité de M. Rabeau pour échapper à une arrestation projetée contre lui, il est, je puis vous l'affirmer, notoirement inexact. M. Rabeau est parti de son plein gré, et parce que ses intérêts commerciaux l'appelaient en Europe et je l'ai aperçu, il y a huit jours, s'occupant tranquillement de ses affaires à Paris. Voici, en quelques mots, le fait vrai : dernièrement,

Votre Excellence ne l'ignore peut-être pas, une insurrection heureusement et promptement comprimée, a éclaté dans le pays. Pendant le procès des principaux conjurés, le nom du sieur Rabeau a été prononcé, par un témoin à charge, qui affirmait que ce négociant avait reçu de l'un des accusés la mission de chercher à séduire et à gagner une autre personne à la cause de l'insurrection. La déposition de ce témoin n'a eu, pour le sieur Rabeau, aucune conséquence légale. Il n'a jamais été question de le mettre en cause et de le rattacher aux poursuites formées contre les auteurs ou complices de l'insurrection ; donc, on ne pouvait vouloir le faire arrêter. Mais, de ce seul fait que son nom avait été cité, le sieur Rabeau a voulu faire une grosse affaire, en invoquant la protection consulaire et en feignant d'être menacé, lui, sujet français, il a cherché à braver le gouvernement haïtien, en prétendant intéresser l'honneur de la France à le protéger contre des dangers imaginaires. Au lieu de se borner à demander une enquête loyale, s'il se sentait blessé moralement par le soupçon de complicité qui pouvait rester encore dans les esprits, après la déposition du témoin qui avait cité son nom, il a prétendu que le fait seul d'avoir prononcé ce nom, dans une telle affaire, pouvait nuire à sa réputation, porter atteinte à son crédit et lui causer un préjudice considérable dans son commerce. Le meilleur moyen de détruire l'effet de l'allégation du témoin est-il celui que le sieur Rabeau a choisi pour établir sa justification morale et complète sur ce point ? Je ne le pense pas, Monsieur le Ministre. Mais cela le regarde, cela ne regarde pas mon gouvernement !...

Quant à ce qui concerne la patente qu'on était sur le point, d'après le rapport consulaire, de retirer à M. Rabeau ou qu'on lui aurait retirée, pour le 1er janvier 1865, je suis personnellement convaincu, Monsieur le Ministre, *quoique je n'aie aucun avis officiel, au sujet de cette mesure*, je suis personnellement convaincu, dis-je, que mon gouvernement ne l'a pas prise à l'égard du sieur Rabeau et qu'il ne la prendra pas, au 1er janvier. En effet, à l'égard de M. Rabeau reconnu et jugé complice, direct ou indirect, d'une insurrection contre le gouvernement haïtien, après avoir été poursuivi, comme tel, pour ce fait, l'usage rigoureux d'un tel droit se comprendrait, et le gouvernement français ne pourrait songer à s'en plaindre (*signe d'assentiment du ministre*); mais à l'égard de M. Rabeau dont l'innocence est constatée, sans aucun doute, aux yeux du gouvernement haïtien, puisqu'il n'y a pas eu de poursuites judiciaires, j'ose pouvoir affirmer à Votre Excellence qu'une mesure telle que celle du retrait de la patente n'a pu être prise et qu'elle ne le sera pas !...

Alors M. Drouyn de Lhuys, m'interrompant, m'a dit avec un air de satisfaction visible :

— Bien ! bien !... monsieur le Chargé d'Affaires, voulez-vous me permettre alors de prendre acte de ce que vous venez de me dire, au sujet de la patente ?

— Très-volontiers, Monsieur le Ministre, ai-je répliqué.

Alors, il a écrit, pendant quelque temps, des annotations au crayon sur la minute du texte dont il m'avait donné lecture.

— Je vous le répète, m'a dit ensuite M. le Ministre des Affaires étrangères, nous avons eu jusqu'à présent d'excellentes relations avec le gouvernement du président Geffrard et c'est pourquoi nous devons chercher à les maintenir, en évitant d'exagérer les incidents qui pourraient y porter atteinte.

— Eh ! Monsieur le Ministre, si vous connaissiez certains faits, comme je les connais, Votre Excellence saurait aussi qu'il y a chez nous *certains sujets* des îles françaises qui se montrent d'une exigence plus grande encore que ceux de France... Ceux-là, à tout propos, se plaignent aux consuls de l'Empereur, de l'intervention duquel ils ne cessent de menacer notre gouvernement avec de ridicules fanfaronnades.

Cela a paru frapper M. Drouyn de Lhuys :

— Vraiment... en est-il ainsi? m'a-t-il dit. Certes nous devons et nous voulons protéger tous nos nationaux, a-t-il ajouté; mais ils doivent se montrer dignes, aussi, de l'intérêt et de la protection de la France, en ne manifestant aucune exigence inique et en respectant strictement les lois du pays où ils sont établis !

Je profitai de la circonstance pour lui dire :

— C'est ainsi que l'an dernier, par exemple, un Français, le sieur Laubarède, qui avait été condamné à plusieurs mois d'emprisonnement pour avoir blessé grièvement un soldat de la garde du Président, et qui avait obtenu, en simulant une maladie, d'être transporté dans une maison de santé, a réussi à s'échapper de cet établissement et à quitter le pays. Eh bien, après son départ, il a fait réclamer de notre gouvernement une indemnité en sa faveur, au sujet d'une blanchisserie qu'il avait établie dans la capitale et qui n'avait pas prospéré, parce que les habitudes du pays opposaient un obstacle presque insurmontable à la création de la clientèle nécessaire au succès d'une pareille entreprise. Il s'est audacieusement plaint au Consul de ce que son établissement était tombé parce qu'il avait manqué par notre faute de garantie ! — De quelle garantie voulait-il parler? Est-ce que notre gouvernement est obligé, Monsieur le Ministre, de garantir les industriels français, établis chez nous à leurs risques et périls, contre les chances de succès ou d'insuccès de leurs opérations commerciales?

— Non, certes! a répondu Son Excellence.

— Sa blanchisserie, ai-je poursuivi, qui n'allait que d'une aile, avant son arrestation, est tombée tout à fait après... Le gouvernement haïtien en est-il responsable? et la protection du gouvernement français est-elle invoquée là pour une juste cause?

Cette explication incidente sur l'affaire Laubarède a paru frapper le Ministre.

— Nous reverrons tout cela, a-t-il ajouté, en posant la note sur son bureau. — Avez-vous reçu de bonnes nouvelles du pays? m'a-t-il demandé.

Je lui ai fait part des dernières que j'eusse reçues.

Il m'a, dès lors, adressé ses félicitations et témoigné combien il était satisfait d'apprendre que la tranquillité fût rétablie et que le gouvernement soit resté maître du terrain sans guerre civile et sans effusion de sang.

En prenant congé de Son Excellence, j'ai compris, à la façon tout amicale dont il m'a tendu la main, que la glace était rompue; car il n'avait pas eu la même courtoisie, en me recevant avec une politesse dans laquelle j'avais remarqué une certaine froideur. Il m'a fait traverser plusieurs des grands salons du ministère et a daigné prendre la peine de me reconduire, lui-même, jusqu'au seuil du dernier, où je l'ai quitté.

Maintenant, que peut-il résulter de cette nouvelle affaire, suscitée évidemment par le mauvais vouloir, trop systématique et trop visible, dont le Consul de France semble animé contre le Gouvernement haïtien? Je suis convaincu que j'ai réussi, en partie, par les explications que j'ai dû donner à la hâte, à contre-balancer fortement dans l'esprit du ministre, le mauvais effet des rapports du consulat français. Une plus profonde connaissance des faits qui servent de base à la réclamation du Consul, m'eût probablement permis d'en faire plus complète justice ; mais je n'avais pas en main les éléments suffisants pour obtenir un succès aussi décisif. Tous mes efforts ont donc tendu à tâcher d'atténuer la portée du fond et de faire modifier le ton trop comminatoire de la note projetée, que, par une démarche dont il m'a fait sentir et dont j'ai compris, en effet, moi-même, toute la bienveillance, M. Drouyn de Lhuys m'a fait l'honneur de me communiquer exceptionnellement et confidentiellement avant de l'envoyer au représentant français à Haïti. Je ne doute pas que, mieux éclairé par mes observations générales et rassuré sur la situation du sieur Rabeau, par la déclaration que je lui ai faite, au sujet de la patente de ce commerçant, *déclaration dont il a pris acte*, je ne doute pas, je le répète, que M. Drouyn de Lhuys n'ait supprimé de sa note certains passages excessifs et qui m'avaient légitimement attristé, par la comparaison défavorable qu'elle prétendait établir entre notre gouvernement actuel et celui auquel il a succédé, sous lequel, disait-elle, on n'avait jamais osé se permettre un tel acte contre les intérêts d'un négociant français.

J'ignore si les *faits réels* ont un autre caractère que celui que je leur ai donné ; — si M. Rabeau est plus compromis que je ne le suppose dans l'affaire du 25 avril ; s'il a pu craindre sérieusement d'être arrêté ; — s'il a été le jouet, sur ce point, d'une crainte justifiée ou d'une terreur chimérique ; — si le zèle de quelques fonctionnaires subalternes n'a pas pu lui inspirer, par des menaces exagérées, la conviction qu'il allait être l'objet d'une mesure telle que le retrait de sa patente ; — si cette patente, en effet, lui a été retirée immédiatement, ou s'il a été averti qu'elle lui serait retirée à partir du 1er janvier prochain ; je ne sais rien encore aujourd'hui, 27 juillet, de tout cela. Ce que je sais, c'est que cette affaire imprévue pouvait prendre des proportions très-grandes, et que j'ai dû aviser, par ma déclaration que je vous prie de ratifier, *quand même*, au nom du gouvernement, à atténuer, au plus vite, un incident susceptible, à tort ou à raison, de motiver l'envoi d'une note telle que celle que l'on méditait d'intimer au gouvernement haïtien par les mains du Consul de France, et dont je serais heureux d'avoir réussi à vous épargner la réception.

De deux choses l'une :

1º Si la culpabilité du sieur Rabeau est évidente et prouvée, il faut carrément mettre le gouvernement français dans l'impossibilité morale et matérielle de lui accorder sa protection, en jugeant le sieur Rabeau, et le convainquant, publiquement, d'avoir trempé dans un complot dirigé contre le gouvernement régulier du pays où il est établi. Alors, toutes les mesures que l'on pourra prendre contre lui seront *légalement* justifiées et le gouvernement ne saurait intervenir en sa faveur.

2º Si la culpabilité de M. Rabeau est incertaine, s'il n'est compromis que légèrement, ou par des propos sans importance, ou par des commérages de délateurs, il me semble qu'on doit le laisser tranquillement poursuivre son commerce, sans le tracasser ou le menacer le moins du monde ; sauf à le surveiller, au besoin, comme toutes les personnes dont on a les raisons de craindre les opinions trop connues.

Dans le premier cas, le retrait de sa patente serait la moindre des peines qu'on serait en droit de lui infliger ; dans le second cas, elle semblerait tout à fait injustifiable et serait, de plus, très-impolitique, puisqu'elle fournirait une base spécieuse aux réclamations d'un gouvernement puissant, avec lequel il faut éviter tout conflit à propos de motifs aussi futiles que celui de la patente d'un personnage aussi peu dangereux que M. Rabeau. Je vous prie donc, M. le Secrétaire d'État, de bien vouloir, si les faits, du moins, n'exigent pas une autre décision de la part du gouvernement, de bien vouloir, avec la haute approbation du chef de l'État, ratifier tout ce que j'ai cru devoir promettre à M. Drouyn de Lhuys, au sujet de la patente qu'on aurait retirée ou qu'on devait retirer à M. Rabeau, afin d'éviter de fournir, en ce moment, au gouvernement français (qui peut secrètement désirer une occasion semblable, qui sait?) tout prétexte de soulever, contre Haïti, une question de faux point d'honneur national. En effet, nous voyons, depuis quelques années, se passer dans nos parages tant de choses étranges et qui nous paraissaient improbables, impossibles même, que l'on ne saurait maintenant manœuvrer trop prudemment entre les écueils de la politique européenne. Qui peut connaître à fond les projets secrets, les plans en ébullition et les machinations occultes qui se préparent mystérieusement dans ces abîmes?

Recevez, Monsieur le Secrétaire d'État, les assurances de la considération la plus distinguée avec laquelle j'ai l'honneur d'être

Votre très-humble et très-obéissant serviteur.

Signé : C. Haentjens.

CABINET
DU
PRÉSIDENT D'HAITI
—

Port-au-Prince, le 8 juillet 1864.

*Au colonel Charles Haentjens, Chargé d'Affaires
par intérim d'Haïti, à Paris.*

MON CHER HAENTJENS,

Le Secrétaire d'État des relations extérieures vous informera officiellement que je vous ai choisi pour aller représenter mon gouvernement à Washington, à la place de Roumain, qui passe à Madrid en remplacement de M. Madiou, rappelé en Haïti sur son instante demande.

J'ai tenu à vous donner, par cet avancement, qui vous était dû d'ailleurs par vos services à la Légation de Paris, un nouveau témoignage de mon estime particulière et de l'intérêt que je vous porte. Je suis bien persuadé que dans l'accomplissement des nouvelles fonctions auxquelles je vous appelle, vous ferez tous vos efforts pour justifier ma confiance comme vous l'avez fait jusqu'ici.

Présentez, mon cher Haentjens, mes meilleurs compliments à votre famille, et recevez l'assurance de mon affectueuse considération.

Signé : GEFFRARD.

Paris, le 30 juillet 1864.

A Son Excellence le Président Geffrard.

PRÉSIDENT,

A peine ai-je le temps de vous accuser réception de la lettre que Votre Excellence a daigné m'écrire, à la date du 8 juillet, pour me faire part de mon changement de position, par suite du remaniement effectué dans le personnel de nos légations.

Un peu souffrant, depuis quelque temps, l'émotion profonde que je viens d'éprouver, ce matin, n'était pas précisément faite pour calmer ma fièvre. En effet, Président, les conséquences de tout genre d'un tel dérangement m'apparaissent si graves pour notre destinée commune, à moi, à ma femme et à mes enfants, que, malgré certains avantages incontestables et malgré les satisfactions d'amour-propre que me présente, à première vue, ce nouveau poste, je me sens presque effrayé, je l'avoue franchement, à l'idée d'une transplantation semblable; aussi, tout en m'inclinant respectueusement devant votre décision, et en vous remerciant même, avec effusion, de la bienveillante et généreuse intention qui vous l'a dictée, afin de me récompenser, par un avancement inespéré, des faibles services que je me suis efforcé de rendre à votre gouvernement dans les fonctions que vous m'avez confiées, depuis cinq années, je vous prie d'avoir l'indulgence de m'accorder encore quelques se-

maines de réflexion et d'examen de mes affaires person-
nelles, avant de me mettre en demeure de vous déclarer
sincèrement et résolûment, si je puis accepter ou non,
en ce qui me concerne, la mutation que vous avez la
bonté de m'offrir, aux États-Unis.

Vous le savez, Président, je ne suis pas libre, n'étant
pas seul au monde, et j'ai grand besoin de consulter, à
tête reposée, en pesant le fort et le faible de cette importante décision, toutes les personnes intéressées, comme
moi, dans un si prompt changement de résidence et de
climat.

Aussitôt que M. Dubois se présentera, muni de vos
pouvoirs, je remettrai avec déférence et avec empressement, entre ses mains, les affaires de la Légation, que,
d'après votre précieux témoignage, je suis heureux et
fier d'avoir gérées à votre satisfaction pendant mes dix
mois d'intérim.

J'aurai l'honneur de faire connaître à Votre Excellence,
avant la fin de l'année, si la nouvelle responsabilité qu'elle
m'impose à Washington n'est pas au-dessus de mes forces;
en attendant, je la remercie quand même de la nouvelle
preuve d'affectueuse estime qu'elle a daigné me donner, et
je la prie d'agréer l'assurance des sentiments de profond
dévouement, avec lequel je me dis toujours

Son loyal serviteur et ami,

Signé : C. HAENTJENS.

Paris, le 31 juillet 1864.

A Son Excellence le Président Geffrard.

Président,

J'adresse au Secrétaire d'État des relations extérieures une dépêche très-importante, au sujet d'un incident soulevé contre le gouvernement haïtien par le gouvernement français, à la suite de rapports envoyés au ministre des affaires étrangères de France par son consul général de Port-au-Prince, et relatifs, particulièrement, au sieur Rabeau, sujet français établi dans la capitale.

Le Secrétaire d'État des relations extérieures donnera certainement connaissance à Votre Excellence de cette dépêche, sur laquelle je me permets d'appeler toute votre attention et dans laquelle je raconte, le plus fidèlement possible, mon entrevue, au sujet de cette affaire, avec M. Drouyn de Lhuys.

Vous apprécierez, je l'espère, en l'approuvant, le grave motif de conciliation qui m'a fait faire au ministre français la déclaration contenue dans notre entretien, et dont il a pris acte, devant moi, avec une très-visible satisfaction.

A moins de raisons d'État d'une importance supérieure à la pensée qui, spontanément, m'a poussé à concéder ce point au ministre français, — raisons dont vous êtes seul juge — je vous prie de ratifier la concession (relative à la patente) que j'ai cru devoir faire, au nom de votre gouvernement, en regrettant profondément que mon manque d'informations précises, sur ce point, ne m'ait pas permis d'arranger directement l'affaire Rabeau, avec le ministre de France, ce qui valait mieux pour nous, peut-être, que de la traiter avec lui, par l'intermédiaire d'un consul dont l'impartialité et le bon vouloir à notre égard doivent vous paraître, depuis longtemps, trop légitimement suspects.

Enfin, le dommage est fait ; il ne faut plus songer qu'à le réparer. Je compte, à bon droit, sur les inspirations de votre sagesse pour apaiser tous ces périlleux ferments de discorde.

Agréez, etc,

Signé : C. HAENTJENS.

LÉGATION D'HAITI

A PARIS

Paris, le 31 juillet 1864.

A M. Auguste Élie,
Secrétaire d'État des Relations Extérieures.

MONSIEUR LE SECRÉTAIRE D'ÉTAT,

Je n'ai que peu d'instants, avant le départ du courrier, pour vous accuser réception de la dépêche que vous m'avez fait l'honneur de m'écrire à la date du 8 juillet, et dans laquelle vous me faites part, en des termes si flatteurs pour mon amour-propre, du changement qui va s'opérer dans ma position, par suite du remaniement effectué, d'après les ordres du gouvernement, dans le personnel de nos légations.

J'ai pris bonne note de toutes vos prescriptions en ce qui me concerne personnellement dans la nouvelle répartition de nos postes diplomatiques, et je remettrai entre les mains de M. Dubois, aussitôt qu'il se présentera pour en prendre officiellement la possession et la garde, les affaires et les archives de la Légation de Paris.

Quant à ma décision relativement à l'acceptation du nouveau poste qui m'est confié, je prie le gouvernement de bien vouloir attendre encore quelques semaines avant de me mettre en demeure de me prononcer définitivement à cet égard. En effet, un tel déplacement doit entraîner pour moi et ma famille tant de nouvelles conditions matérielles et morales d'existence, que j'ai réellement besoin de consulter, avec réflexion, tous les intéressés, moi compris, dans une décision de cette importance, avant de pouvoir la prendre. J'écris dans ce sens à Son Excellence le Président, en le remerciant de tout cœur de la nouvelle preuve d'affectueuse estime qu'il daigne me donner, mais en lui exposant, respectueusement, les diverses considérations qui me font hésiter encore à l'accepter aussi spontanément qu'elle m'est offerte.

Quelle que soit la détermination que mes intérêts de famille et le soin de ma santé actuelle m'amènent à adopter, au sujet de ma transplantation à Washington ; que je doive rester ou non dans la carrière diplomatique et en relations politiques avec vous, monsieur le Secrétaire d'État, soyez convaincu que je serai toujours particulièrement fier d'avoir obtenu d'un homme de votre mérite l'approbation si précieuse que vous avez eu la courtoisie d'accorder à mes faibles efforts, à mon zèle et à ma bonne volonté pendant et après mon passage à la Légation de Paris.

Recevez, je vous prie, monsieur le Secrétaire d'État, l'assurance de la considération la plus distinguée avec laquelle j'ai l'honneur d'être

Votre très-humble et très-obéissant serviteur.

Signé : C. HAENTJENS.

LÉGATION D'HAITI

A PARIS

Paris, le 16 août 1864.

A M. Auguste Élie, Secrétaire d'État des Relations Extérieures.

Monsieur le Secrétaire d'État,

A tout hasard, je vous écris quelques lignes, aujour-d'hui, pour vous rassurer un peu au sujet de l'incident soulevé par les plaintes de M. Rabeau et dont je vous ai entretenu longuement dans ma dépêche du 27 juillet.

Cet incident, le plus grave sans contredit de tous ceux qu'ait eu à régler avec le gouvernement français la légation de France, depuis l'inauguration du gouvernement de la République, n'aura pas, *je crois pouvoir vous l'affir-mer, aujourd'hui,* les conséquences fàcheuses qu'il aurait eues certainement, si je ne m'étais empressé, quand j'ai compris toute la portée que lui donnait le Ministre français, de détourner l'orage par la déclaration que j'ai faite, au nom du gouvernement haïtien, relativement au maintien de la patente du sieur Rabeau. J'ai tout lieu de croire, à la façon amicale dont le Ministre m'a accueilli, dans les deux visites que je lui ai rendues depuis notre entrevue officielle, que la note presque blessante qu'il m'avait communiquée ne sera pas adressée au Consulat de France à Port-au-Prince ; et je suis fort heureux de penser qu'avant mon départ de Paris, j'ai réussi à épar-gner à notre pays une semblable humiliation, qui n'au-rait pu qu'altérer les bons rapports, *plus désirables en ce moment que jamais,* que nous devons continuer avec le

gouvernement impérial, même au prix de quelques sacrifices d'amour-propre national.

J'ai su, depuis mon entrevue avec M. Drouyn de Lhuys,
que, non content de sa plainte au Consulat de France,
M. Rabeau, lié d'amitié avec le fils d'un personnage très-
influent du cabinet de Sa Majesté Napoléon III, avait usé
de toute l'influence de ce dernier (M. Mocquard) pour
engager vivement le Ministre à défendre ses intérêts
qu'il disait injustement menacés par le gouvernement
haïtien.

C'était donc du *Cabinet impérial* qu'était venu l'ordre
de pousser *énergiquement cette affaire*. Le danger était réel.
Il est, j'en suis convaincu, dès maintenant, conjuré.
Rien ne vaut, en pareil cas, une explication immédiate,
et d'homme à homme; et avec nos diplomates modernes,
parler nettement, les yeux dans les yeux, sera toujours
plus expéditif et plus utile que d'écrire de longs mémoires
qu'on ne lit pas, faute de temps.

J'ai, par une coïncidence également heureuse, profité
de l'entretien, pour amoindrir et peut-être enterrer tout
à fait la réclamation du sieur Laubarède. Je m'applau-
dirais, je vous l'avoue, de livrer au nouveau ministre
— résident (M. Dubois) un terrain tout à fait vierge de
litiges et dégagé de toute question à traiter qu'il n'aurait
pas commencée; je tâcherai d'y réussir, pour sa tranquillité d'abord, mais surtout pour celle du gouvernement.

Au grand banquet diplomatique du 15, M. Drouyn de
Lhuys a été tout à fait charmant.

Agréez, etc. ;

Signé : C. HAENTJENS.

CABINET
DU
PRÉSIDENT D'HAITI
—

Port-au-Prince, le 24 août 1864.

Monsieur le colonel Charles Haentjens, à Paris.

MON CHER HAENTJENS,

J'ai reçu vos deux lettres du 30 juillet; elles ne m'ont pas causé de la satisfaction.

N'ayant aucun renseignement, aucune instruction sur la réclamation de M. Rabeau, appelé à l'improviste, pour ainsi dire, par M. le Ministre des Affaires étrangères de France à lui donner de simples explications sur cette affaire (il ne pouvait vous demander rien de plus), vous êtes sorti de la prudente réserve que vous imposait naturellement votre ignorance complète des faits, et par la déclaration spontanée que vous avez faite à M. Drouyn de Lhuys et dont il s'est empressé de prendre acte, vous n'avez pas seulement paralysé **l'action** de votre gouvernement, vous l'avez mis dans la fâcheuse alternative ou de vous désavouer ou d'annuler une décision qui avait été prise et qui était motivée par de graves considérations (1).

Malgré tout l'intérêt affectueux que je vous porte, il m'a été impossible d'approuver la déclaration que vous

---

(1) D'après une dépêche très-explicite et très-nette, que le gouvernement a dû lire, partant qu'il a dû comprendre, la décision suprême au sujet de ma déclaration, relative à la patente de M. Rabeau, était formellement réservée au gouvernement, qui n'avait qu'à ne pas la ratifier, en motivant son refus, que j'aurais tout simplement fait connaître au ministre français.   C. H.

avez faite dans cette circonstance, avec une précipitation malheureuse et inutile. Il est des questions d'honneur et de dignité avec lesquelles on ne peut transiger. J'ai **donc** décidé que votre déclaration à M. Drouyn de Lhuys **sera approuvée,** parce que je ne veux pas que la parole d'un Chargé d'Affaires soit sans créance.

Mais si la déclaration est approuvée, celui qui l'a faite doit être blâmé, et c'est ce blâme que j'ai chargé le Secrétaire d'État des Affaires étrangères de vous exprimer.

J'ai décidé que le colonel E. Roumain resterait chargé de la légation d'Haïti à Washington ; vous n'aurez donc plus à vous préoccuper de votre nomination à ce poste : elle a été rapportée.

En vous désignant pour la légation à Washington, je voulais vous donner une nouvelle preuve de mes bons sentiments pour vous. Je ne m'attendais pas à vous voir l'accueillir avec si peu d'empressement et sous condition. Je regrette pour vous ces derniers incidents.

Votre affectionné,

Signé : GEFFRARD.

LÉGATION D'HAITI
A PARIS
—

Paris, le 15 septembre 1864.

A Son Excellence le Président Geffrard.

Président,

L'heure avancée à laquelle on vient de distribuer notre correspondance, à Paris, ne me laisse tout juste que le temps d'accuser réception à Votre Excellence de la lettre qu'elle a daigné m'écrire à la date du 24 août.

Cette lettre m'apprend que, malgré le blâme dont votre gouvernement a cru devoir frapper l'empressement apporté par moi dans la déclaration que j'ai faite à M. Drouyn de Lhuys, au sujet de la patente du sieur Rabeau, cette déclaration n'en serait pas moins ratifiée par votre gouvernement ; je remercie vivement Votre Excellence de cette décision, sinon pour mon amour-propre de fonctionnaire, que je saurais sacrifier, sans hésiter, à l'honneur de mon pays, s'il était réellement en jeu dans cette affaire, du moins pour le maintien des bons rapports entre les deux gouvernements français et haïtien. J'ai cru agir pour le mieux, dans cette entrevue pressante et décisive, en agissant comme je l'ai fait. Ma conscience et ma dignité ne me reprochent rien ; et le regret d'être blâmé pour avoir accompli ce que j'ai considéré comme un devoir, quelle que soit pour moi l'amertume d'un tel blâme, ne saurait égaler, à mes yeux, la vivacité des reproches dont, moi-même, je me serais cru digne, si j'avais laissé, sans l'étouffer immédiatement, grossir et s'envenimer, contre nous, un conflit de ce genre, dans un moment où j'ai la responsabilité de représenter votre gouvernement auprès du gouvernement impérial.

Daignez, Président, recevoir l'hommage de mon profond respect.

Signé : C. HAENTJENS.

LÉGATION D'HAÏTI
A PARIS
—

Paris, le 4 octobre 1864.

*A Son Excellence M. Drouyn de Lhuys,
Ministre des Affaires étrangères.*

MONSIEUR LE MINISTRE,

J'ai l'honneur de vous demander une audience, afin de présenter à Votre Excellence M. Dubois, qui doit lui remettre les lettres de créance dont il est porteur et qui l'accréditent auprès du gouvernement impérial, en qualité de Ministre-résident du gouvernement haïtien à Paris.

Je saisis cette occasion pour renouveler à Votre Excellence l'assurance de ma haute et respectueuse considération.

Le Chargé d'Affaires par intérim d'Haïti,

Signé : C. HAENTJENS.

MINISTÈRE
DES
AFFAIRES ÉTRANGÈRES

—

CABINET

—

Paris, le 5 octobre 1864.

Monsieur,

Je serai charmé de vous recevoir, ainsi que M. Dubois, demain jeudi, 6 octobre, entre deux et quatre heures.

Agréez, Monsieur, l'assurance de ma considération distinguée.

Signé : Drouyn de Lhuys.

Paris, le 14 octobre 1864.

A Son Excellence le Président Geffrard.

Président,

J'ai l'honneur d'adresser à Votre Excellence une copie de la lettre que j'ai écrite à M. Drouyn de Lhuys, pour obtenir de lui une audience spéciale, dans laquelle je lui présenterai officiellement, selon l'usage diplomatique, M. Dubois, arrivé récemment à Paris, muni des lettres de créance qui l'accréditent, en qualité de Ministre-résident d'Haïti, auprès du gouvernement français.

M. Drouyn de Lhuys m'ayant gracieusement répondu par la petite lettre dont je vous envoie copie, j'ai été admis, le 6 de ce mois, à présenter M. Dubois au Ministre des affaires étrangères, qui nous a fait un excellent accueil.

M. Dubois devant, sans aucun doute, vous rendre compte de cette entrevue, je ne veux pas empiéter sur son droit et je m'abstiens de plus amples détails, n'étant plus rien, désormais, dans la légation de Paris, dont j'ai remis les archives et la direction au nouveau Ministre-résident, qui en doit avoir seul, maintenant, la responsabilité.

Signé : C. HAENTJENS.

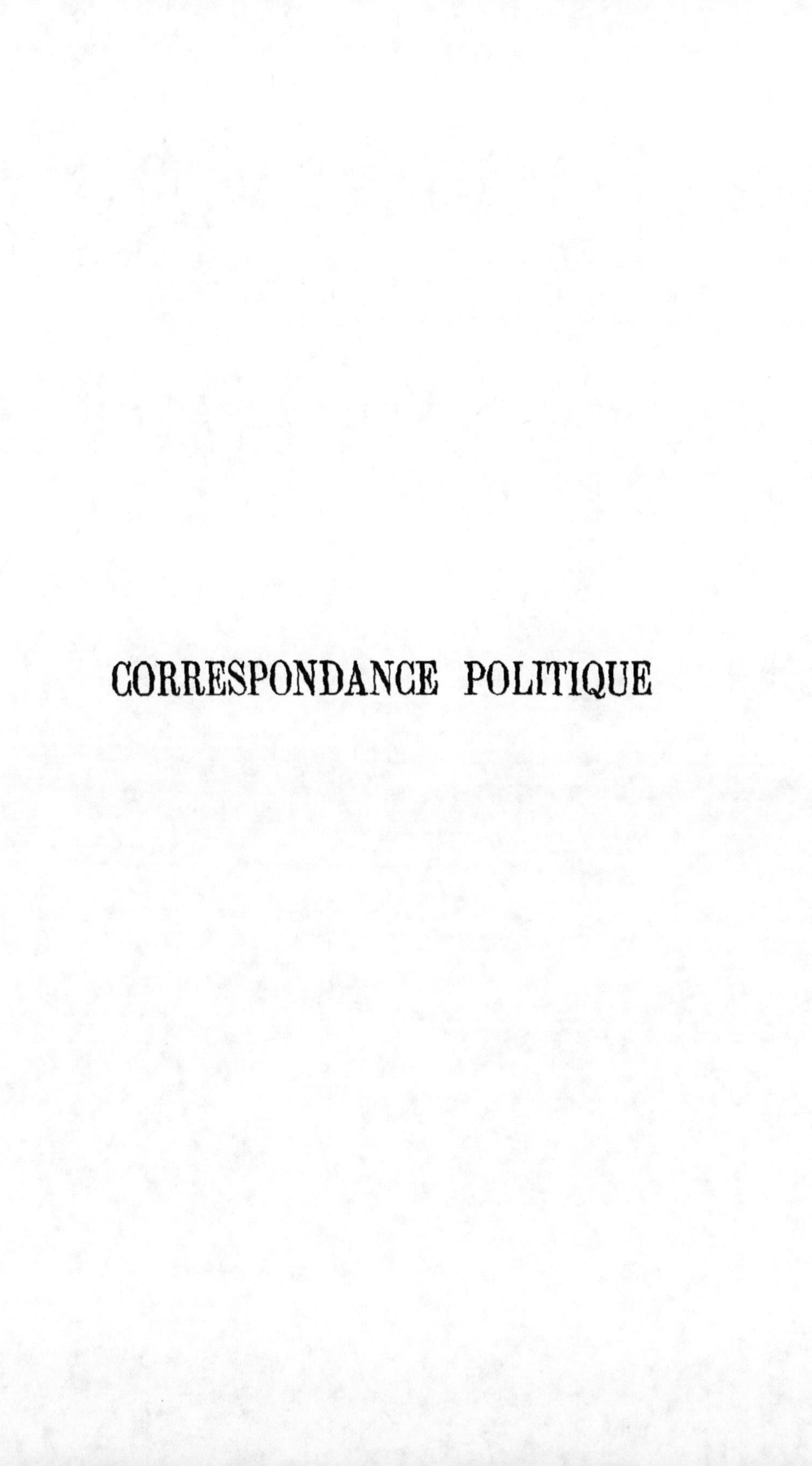

CORRESPONDANCE POLITIQUE

Le 30 avril 1864, j'adressai de Paris la lettre suivante au Président Geffrard :

A propos de l'affaire des huit criminels, jugés et exécutés récemment à Port-au-Prince, permettez-moi de vous dire à quel point je considère comme très-regrettable la publication du compte rendu de ce honteux procès, faite dans les journaux du pays, auxquels les journaux français l'ont emprunté, en lui donnant un retentissement déplorable, aggravé souvent par des réflexions peu flatteuses pour notre pays.

Et comme si un simple compte rendu n'était pas encore assez humiliant pour la bonne renommée de notre population en Europe, voici maintenant les journaux illustrés qui publient la photographie de ces huit fanatiques, accompagnée du portrait plus ou moins ressemblant de leurs gardiens grotesques, faisant partie de l'armée haïtienne ! *Le Monde Illustré*, qui se tire à plus de 50,000 exemplaires, a publié la chose dans son dernier numéro, avec un texte explicatif donnant à ces malheureux la qualification d'*anthropophages* ! Des anthropophages à Haïti ! Comprenez-vous, Président, toute la portée d'une telle allégation répandue et multipliée à l'infini dans le public français ! J'en suis navré ! La publication de l'audience

3

et des débats, celle de l'exécution dans notre pays, suffisait pour que nos populations fussent édifiées sur l'évidence du crime et sur la nécessité de son châtiment. Il était si simple et si facile d'interdire le compte rendu de cette affaire, et surtout, de défendre aux photographes de se livrer à une telle spéculation !

Je vous le demande en grâce, Président, pour l'honneur de notre population que tant de gens ont un intérêt de race ou de caste à calomnier, devant l'opinion publique ; pour la considération de votre gouvernement personnel, à l'étranger, évitons à l'avenir avec soin, toute faute de ce genre, et, selon un mot de Napoléon Ier, *lavons notre linge sale en famille !*

J'espère que l'exemple terrible donné par la justice haïtienne sera salutaire et que de semblables horreurs ne se renouvelleront pas ; mais, veuillez, je vous en supplie, donner à l'administration l'ordre formel de prendre désormais, en pareil cas, les mesures susceptibles d'étouffer tout retentissement au dehors des affaires exceptionnelles qui pourraient, comme celle-là, donner à la civilisation européenne une si triste idée de la nôtre et décourager les esprits libéraux qui défendent et affirment le principe sacré de l'unité de l'espèce humaine.

Daignez, Président, recevoir gracieusement l'hommage de mon profond respect.

Croyez-vous que le Président Geffrard se montra désolé du bruit que fit cette affaire en Europe ? Nullement ; voici comment il répondit aux désirs patriotiques que je lui exprimais dans ma lettre :

Port-au-Prince, le 24 mai 1864.

A M. Charles Haentjens,
Chargé d'Affaires, par intérim d'Haïti, à Paris.

« MON CHER HAENTJENS,

« J'ai reçu votre lettre privée du 30 avril. Je ne partage pas votre opinion sur les conséquences de la publicité donnée à l'affaire des huit criminels de Bizoton. D'abord on n'étouffe pas, vous devez le savoir, la publicité comme on veut; ensuite, en cherchant à l'étouffer dans des cas pareils, ce serait au contraire donner à nos ennemis le droit de faire peser sur la nation entière la responsabilité d'un acte isolé. Haïti n'est pas plus solidaire du crime d'anthropophagie commis à Bizoton que l'Italie n'est solidaire du même crime révélé récemment dans les débats qui ont eu lieu à propos de l'affaire des brigands napolitains.

» La grande publicité que le gouvernement haïtien à tolérée dans cette occasion, la sévérité de la répression et les protestations unanimes de la population ont au contraire prouvé au monde entier que le peuple haïtien est au-dessus des calomnies d'une caste dont les sentiments ne peuvent plus aujourd'hui tromper personne.

» Je ne vous remercie pas moins, mon cher Haentjens, de vos observations, qui sont une preuve de votre patriotisme.

» Je vous salue bien affectueusement.

» *Signé :* GEFFRARD. »

Ce fut Saint-Amand qui se chargea de rédiger cette absurde réponse. Cependant on me demandait, de tous côtés, des renseignements sur cette affaire.

Dans la conférence internationale télégraphique, tenue le 6 mai 1864, à l'hôtel du ministère des affaires étrangères, à Paris, le prince Poniatowski, président de la sous-commission, s'approcha de moi et, après les politesses d'usage, il me dit :

— Eh bien, monsieur Haentjens, qu'est-ce donc que cette horrible affaire ? Il y a donc des anthropophages à Haïti ? Tous les journaux parisiens en parlent depuis quelques jours, ajouta-t-il.

Je protestai contre l'outrageante qualification *d'anthropophages*, donnée beaucoup trop légèrement, par certains journaux, aux huit criminels jugés et exécutés à Port-au-Prince, et dont *le Monde Illustré* avait publié la photographie, dans son numéro du 9 avril 1864.

J'étais ému, et l'émotion me rendit presque éloquent.

— Que l'univers civilisé se rassure ! dis-je au prince. Il n'y a point, il n'y a jamais eu d'anthropophages sur le sol haïtien. Notre population noire dans sa généralité, est bonne, douce, affable, hospitalière ; son intelligence, sa moralité, sa sagesse dans la liberté, son ardent amour pour le progrès feraient honneur à plus d'une nation blanche ; malheureusement cette population n'est pas de race homogène. Recrutée, pendant plus de deux siècles, par le rapt et la violence parmi diverses peuplades africaines, elle renferme encore, malgré les efforts constants d'un gouvernement réparateur et le travail d'unification civile et politique qui s'est accompli, depuis l'émancipation de l'île, quelques douloureuses exceptions. Il serait donc aussi injuste, de la juger, sur ces *exceptions*, qu'il le serait de juger tout autre pays civilisé, la France par exemple, d'après les annales de ses tribunaux criminels. Il existe, en effet, chez nous, quelques rares descendants de certaines peuplades d'Afrique, qui ont conservé le *virus* héréditaire des rites secrets et plus ou moins sauvages de leurs aïeux. Les traditions de ces infortunés sectaires semblent s'être perpétuées, dans leur famille, comme un lointain mais ineffaçable souvenir de la patrie perdue, comme une sorte de franc-maçonnerie nationale, sur le sol étranger, sous la domination de leurs maîtres étrangers, à la honte même et à la condamnation éternelle de cette brillante civilisation de colons européens, qui vivaient de leur ignorance, de leur esclavage et de leur travail, sans daigner prendre souci ni de leur intelligence ni de leur âme !

Chez ces individus, heureusement de plus en plus rares aujourd'hui, la superstition de leurs pères est passée à l'état de *folie héréditaire* et se transmet avec le sang. Tant que cette folie se borne à des pratiques secrètes, inoffensives, bizarres et simplement insensées ; à des réunions mystiques, dans les bois ; à des danses religieuses, sur des rhythmes traditionnels et consacrés, au son monotone d'une musique primitive, d'un effet irrésistible et prodigieux, qui produit d'abord sur les sectaires l'hallucination du rêve et leur inocule, lentement, graduellement, progressivement la fièvre, puis le délire du bond cadencé, la police du pays ne peut user, contre ces manifestations locales, sans danger réel pour la sécurité de la société haïtienne, que d'une surveillance analogue à celle de vos sergents de ville sur certaines saturnales des bals de Paris. Mais quand la monomanie des derniers disciples du dieu africain Vaudoux se révèle furieuse et homicide, telle qu'elle s'est montrée dans les faits du récent procès, alors notre gouvernement fait courageusement son devoir : il frappe. Jamais, pourtant, on n'avait signalé, dans notre pays, d'actes aussi horribles que ceux-là, même sous le règne de Soulouque, qui passait pour régner un peu par la grâce du dieu Vaudoux.

J'espère que l'exemple terrible, donné par la justice haïtienne suffira pour rendre désormais impossibles, dans notre chère et brave population, de nouveaux symptômes du retour de telles aberrations mentales ; car ces fanatiques étaient plutôt des idiots dangereux que des monstres ! En effet, l'*anthropophage*, digne de ce nom, mange de l'homme, par habitude stomacale et avec plaisir ; les huit suppliciés d'Haïti n'en ont goûté, dans leurs affreux mystères, qu'avec répugnance et par dévotion !

Soyons justes, même pour des assassins auxquels un jury français aurait peut-être accordé les circonstances atténuantes de la *foi !*

Chaque civilisation, vous le savez, prince, a ses misères. La principale lèpre de la nôtre, c'est la superstition. Le temps, le progrès des lumières, l'éducation à l'européenne, l'instruction pour tous, la pratique sincère de l'égalité sociale et de la liberté politique feront peu à peu disparaître de notre beau pays les derniers vestiges du fétichisme africain, qui a persisté jusqu'ici sous la civilisation chrétienne,

Le prince allait répondre, mais il n'en eut pas le temps. Autour d'une énorme table ronde, couverte d'un tapis vert, venaient de prendre place Son Excellence le Ministre des affaires étrangères, président de la conférence, ainsi que les autres plénipotentiaires des gouvernements représentés dans cette assemblée.

La séance était commencée.

———————

J'en apprends de belles! et, vraiment, MM. nos députés font, quand ils s'y mettent, de la bonne besogne! Heureusement, ils ne s'y mettent pas souvent! car à la façon dont ils comprennent leur mandat, sous prétexte d'ordre et d'économie, ils auraient bientôt désorganisé nos services publics et disloqué notre administration.

Certes le progrès est un bel et grand mot; encore faudrait-il en posséder le sens et ne pas s'exposer, pour avoir l'air d'honorer le mot, à rendre tout à fait impossible la chose! Or, c'est de la chose qu'ils ne se doutent pas! ils paraissent n'en avoir pas même la moindre idée!

Qu'ils échenillent le budget des dépenses publiques, qu'ils contrôlent les recettes, qu'ils redressent les calculs, en un mot, qu'ils surveillent loyalement l'emploi des deniers du pays qui les élit, rien de plus sage, rien de plus utile, rien de plus juste! Mais qu'ils fassent niaisement confusion des dépenses *utiles* et des dépenses *inutiles*, au point de réduire maladroitement celles qu'ils devraient augmenter, tout en laissant démesurément s'accroître celles qu'ils pourraient supprimer, voilà ce qui me révolte et ce qui m'exaspère! Ce n'est plus de la saine économie, c'est de la lésinerie bête!

Pourquoi donc ont-ils réduit ainsi, dans le budget de 1863, le traitement des fonctions diplomatiques à l'étranger? Est-ce pour dégoûter de ces fonctions ceux qui les occupent actuellement? Se trouverait-il, par hasard, parmi ces éplucheurs de traitements, des capacités à plus juste prix, qui offriraient de représenter leur pays, avec plus de dignité, *au rabais?* Je serais tenté de le croire; et, vraiment, pour leur punition, je souhaiterais que ces diplomates à la douzaine exerçassent nos fonctions difficiles, au prix qu'ils ont fixé et avec les seules ressources de leur traitement, pendant un an seulement, à Paris ou à

Londres ! — Ce serait un rude châtiment de leur envie ou de leur présomption ! — En ce cas, mon cher ami, ils ne savent pas plus ce qu'ils ambitionnent que ce qu'ils font !

En vous parlant aussi vivement, mon ami, je n'obéis pas à un ressentiment personnel ; non ! cette thèse qui peut vous paraître aujourd'hui particulière, est, au fond, pour moi, une thèse générale. Il s'agit, en réalité, de l'honneur de la République d'Haïti à l'étranger et de la figure que peuvent faire ses représentants dans le monde diplomatique européen. Or, cette figure, d'après l'ancien traitement, n'était pas déjà si brillante ! en amoindrir encore les rayons, c'est risquer de l'éteindre tout à fait.

Que les neuf dixièmes de nos députés ignorent les frais de tout genre, auxquels sont entraînés nos agents diplomatiques à l'étranger, cela se comprend facilement ; mais, que ceux qui, parmi eux, ont été en mesure d'apprécier ce que coûte une représentation nationale, en Europe, n'aient pas combattu la grotesque proposition de diminuer le traitement de nos agents, voilà ce que je ne m'explique pas. L'ignorance des uns était toute naturelle ; mais la complicité de ceux qui ont visité l'Europe est inexcusable, et d'autant plus inexcusable que la plupart d'entre eux ne manquent pas d'intelligence ! Pourquoi n'ont-ils pas éclairé leurs collègues des lumières et des conseils de leur expérience personnelle? C'était un devoir pourtant pour leur équité !

Quant à moi, mon cher X..., je vous avouerai que, malgré l'ordre strict de ma maison, j'ai constamment, depuis trois ans de séjour en France, été forcé de dépenser, annuellement, plus du double de la somme qui m'est allouée par mon gouvernement. Voilà tout ce que m'a rapporté jusqu'à présent l'honneur de représenter, ici, les intérêts de mes compatriotes !

Mais, encore une fois, mon ami, il ne s'agit pas de moi, les fonctionnaires passent, la fonction reste. Je ne m'occupe donc que de la fonction, c'est-à-dire, du principe ; et, je vous le dis, avec une profonde douleur, c'est un acte antipatriotique que la majorité a commis, c'est une faute désastreuse. Mieux vaudrait, en effet, si les ressources de notre pays ne peuvent suffire à rémunérer convenablement une représentation permanente à l'étranger la supprimer tout à fait, que de ne pas lui accorder les moyens de tenir son rang, avec tout l'éclat que comportent ses titres ; ce serait encore plus radical et plus économique. —Mais, notre dignité nationale, nos intérêts politiques, me direz-vous, nous commandent d'être représentés à l'étranger et dans le plus grand nombre de pays possible ! — J'en conviens ; mais, alors, ne donnons pas à nos agents diplomatiques le titre pompeux de *ministre-résident*, titre qui *oblige*, puisqu'il paraît que nous ne pouvons pas même leur allouer la moitié du traitement que les plus petites républiques de l'Amérique du Sud trouvent bien le moyen d'affecter à leurs agents qui n'ont, pourtant, que le titre, sans prétention et sans obligations, de simples *chargés d'affaires !* Que donneraient-elles donc à un *ministre-résident ?* Elles savent bien qu'*en ce cas* elles seraient dans le devoir de doubler peut-être le traitement actuel ; mais elles aiment mieux diminuer de moitié les exigences du titre diplomatique et rétribuer doublement la fonction d'agent ; ce qui me semble plus sage que d'exagérer de moitié, comme nous le faisons, l'importance du titre, en diminuant, de trois quarts, le traitement du grade honorifique que nous attribuons, par une vanité puérile, à notre ministre, puisqu'il est moitié moins payé que leur agent ! En effet, ce titre officiel de ministre-résident, avec un traitement aussi médiocre, ne sert qu'à mettre dans une évidence humiliante, aux yeux de tout le corps diplomatique, la pauvreté ou l'inconséquence du gouvernement qui affiche une telle ostentation, sans pouvoir ou sans savoir la soutenir *réellement !*

Tous les chargés d'affaires des autres pays ont leur équipage avec l'écusson national en guise d'armoiries. Les ministres d'Haïti ont-ils le leur ? Non ! cela ne leur est pas possible ! Pour remplir les mille devoirs de leur charge, ils sont forcés d'avoir recours aux voitures de louage et de choisir, avec soin, celles qui ressemblent le plus aux voitures de *maître*, afin de dissimuler leur modestie ; heureux quand ils peuvent réussir à affubler leur cocher de hasard d'une livrée de fantaisie !

N'est-il pas honteux pour le gouvernement d'un pays indépendant et qui doit tenir à sa bonne renommée de laisser deviner à celui auprès de qui son ministre-résident est accrédité que ce ministre n'a que 30,000 francs de traitement ; et que l'on rogne encore de quelques mille francs le traitement des secrétaires de légation, dont les fonctions délicates, multiples, spéciales, exigent tant d'études, de veilles, de préoccupations constantes, et sont presque égales en importance, en travail et en frais de représentation, à celles de ministre ! et n'est-il pas particulièrement honteux, pour nous, citoyens et représentants d'Haïti, d'essuyer une telle avanie, devant le gouvernement de notre ancienne métropole ?

S'il fallait absolument qu'une de nos légations européennes s'imposât quelques sacrifices afin de contribuer à doter les deux ministres qu'on se propose d'envoyer à Washington et à Madrid, ne pouvait-on faire supporter la réduction projetée à la légation d'Angleterre, beaucoup moins importante, à tous les points de vue, que celle de France ?

Avons-nous à soutenir et à défendre, à Londres, des intérêts politiques et contentieux aussi considérables que ceux dont nous devons constamment nous occuper à Paris ? A la grande rigueur, et s'il était nécessaire d'amoindrir l'une des deux positions, pour équilibrer notre budget, ne pouvait-on laisser, à Paris, un ministre-résident et se contenter, à Londres, d'un chargé d'affaires ? Oui, assurément ! Mais, que fait la Chambre ? Elle enlève également dix mille francs au ministre de Londres et dix mille francs à celui de Paris ; or, comme celui de Londres touchait, je n'ai jamais su pourquoi, dix mille francs de plus que le ministre de Paris, nos deux légations européennes actuelles, dont l'une est de premier ordre (celle de Paris) et dont l'autre est relativement d'ordre secondaire (Londres), vont se trouver encore sur le pied d'inégalité... comme traitement ! Et, cependant, à égalité d'importance et de travail entre ces deux légations, c'est encore celle de Paris qui devrait être favorisée, ce me semble, puisqu'il est notoire que la vie est beaucoup plus coûteuse, de toutes les façons, à Paris qu'à Londres, aujourd'hui ! En vérité, tout cela, mon cher ami, ne soutient pas l'examen ! C'est absurde !

Je comprends qu'on établisse une légation en Espagne ; son importance politique est immense, aujourd'hui, à tous les points de vue ; il s'agit pour nous de vivre désormais dans les meilleures relations avec nos voisins, nos puissants et dangereux voisins ! mais à Washington ? qu'ira donc faire le chargé d'affaires d'Haïti dans un pays où le président Lincoln, lui-même, n'ose espérer encore l'égalité des droits civils et politiques pour tous les citoyens ! où les hommes de race africaine sont publiquement repoussés par un préjugé stupidement odieux ? où l'on se propose d'interner et de parquer, dans des territoires à part, des travailleurs plus ou moins libres qu'on ne consentira jamais à admettre comme égaux dans la société américaine !

Ah ! mon ami, j'avais accueilli avec une joie profonde l'acte réparateur de la reconnaissance de notre République par le cabinet de Washington ; j'y voyais le commencement d'une ère nouvelle pour le continent américain ; mais depuis les habiles et prudents discours de M. Lincoln, je serais tenté de ne voir dans tous ces beaux projets d'émancipation et de colonisation, qu'une intrigue politique, un jeu cruel, un leurre dérisoire! Et, certes, je ne conseillerais pas au gouvernement de se faire représenter maintenant devant de pareilles gens, sans une amende honorable!

Mais, je reviens aux tristes conséquences de la réduction accomplie, et je termine mes remontrances par un trait qui fera peut-être rougir de honte ceux qui ont, soit par ignorance, soit par calcul, voté cette mesure humiliante pour notre dignité nationale. Tous les pays qui se font représenter par un ambassadeur ou par un ministre, en France, ont leur hôtel (petit, moyen ou grand) particulier, — propriété de leur gouvernement à l'étranger, acheté pour servir de *résidence* à leur envoyé. Le ministre d'Haïti, à Paris, bien loin d'avoir un hôtel, n'a pas même un appartement *à lui*. Il doit loger la légation dans un appartement modeste, loué par lui-même, et payé sur son traitement personnel. On réduit, aujourd'hui, son traitement; il sera forcé de réduire son loyer.

Un jour, au taux croissant des loyers des appartements parisiens, il sera contraint de nicher sa *résidence ministérielle* au 5e étage d'une maison banale, dont les huissiers de la cour ou des ministères ne voudront pas affronter les quatre-vingts marches d'escalier à gravir; ils remettront dédaigneusement les correspondances diplomatiques au concierge, qui les distribuera......... quand il aura le temps.

———

MON CHER X...

Depuis quelque temps, j'apprends des nominations étranges, qui ne doivent pas vous surprendre moins que moi, car, quand on nomme quelqu'un à un poste quelconque, on doit savoir, au moins, quels services on peut attendre de lui ; or, je me demande en vain à quoi peuvent être bonnes ces capacités douteuses, qui n'ont jamais étudié tant soit peu le droit des gens et qui s'improvisent diplomates, du jour au lendemain. Si le gouvernement, ainsi qu'il devrait le faire, ne s'attachait à nommer à ces postes difficiles que des hommes véritablement capables de les occuper dignement, il éloignerait ainsi les convoitises de ceux qui ne le sont pas. Sa faiblesse ou son incurie encourage ainsi les prétentions et l'outrecuidance de ceux-ci, et ne fait qu'exciter leur ambition. Peu leur importent les devoirs, les travaux, les difficultés d'une telle position, pourvu qu'ils en récoltent les plaisirs, les honneurs et les bénéfices. Ils se croient propres à tout faire, quand, en réalité, ils ne sont propres à rien. « Pourquoi n'obtiendrais-je pas cet emploi tout comme monsieur un tel ! Il n'est pas plus instruit ni plus fort que moi ! » Tel est leur raisonnement. Et, de fait, l'aveuglement du gouvernement donne raison à leurs sots calculs. Diplomates au tas, le moins bon vaut tous les autres !

Il y a, dira-t-on, des services à récompenser. D'accord ;

mais on doit chercher, dans tous les cadres administratifs, la fonction à laquelle ceux qu'on doit récompenser sont le plus propres ou le moins impropres. S'il faut créer une sinécure, au besoin, on peut la créer. Mais, quand il s'agit d'une charge spéciale, exigeant des qualités, des habitudes, des études, des aptitudes spéciales, pourquoi chercher un homme, comme X..., par exemple, qui n'a jamais eu la moindre notion des affaires diplomatiques ? Aller le nommer à Washington ! en ce moment-ci ! où ce poste est plus important et plus périlleux que jamais ! quand une faute, un oubli, un entraînement, une distraction, une démarche inconsidérée, irréfléchie, une parole inutile, peuvent engager et compromettre notre pays dans une série de complications, sans issue autre, peut-être, que la conquête ou l'absorption de notre territoire haïtien par les États-Unis ou par une puissance européenne ! Quelle légèreté de vues ! quelle ignorance profonde de la politique américaine et des intrigues européennes ! On croit généralement, chez nous, à la *simplicité* des hommes d'État américains ; on se trompe grossièrement. Les diplomates américains sont très-forts, très-froids, très-adroits très-rusés, et ils en remontreraient à certains hommes d'État français et même anglais de ma connaissance. Il était nécessaire d'envoyer là, précisément en ce moment où se jouent les destinées et l'indépendance des plus beaux territoires du nouveau monde, l'homme le plus au courant des usages diplomatiques qu'on aurait pu trouver dans notre personnel politique ; et l'on choisit justement un négociateur qui n'a jamais appris les premiers éléments d'une négociation, de gouvernement à gouvernement !

Je parlais, tout à l'heure, de notre personnel diplomatique ; par malheur, il n'en existe pas chez nous, comme il en existe dans tous les pays européens. Chez nous, la carrière diplomatique n'est pas une carrière sur laquelle un homme d'intelligence puisse compter. Pas de cadres, pas d'avancement. Dans les gouvernements bien organisés, tous les services sont appréciés et respectés. On ne choisirait pas un fonctionnaire de cet ordre, en dehors du cadre des capacités *prouvées*, soit en activité, soit en disponibilité. Aussi la carrière diplomatique est-elle sérieusement suivie par des hommes spéciaux, qui sont heureux et fiers d'y consacrer les travaux de leur vie entière, au grand avantage des intérêts de leur pays. Mais chez nous..... Ah ! mon ami, je sais trop par expérience que les choses ne vont pas ainsi ! Mais assez ! je m'arrête.

P. S. — Je viens d'apprendre, par un journal anglais, la nomination officielle du diplomate chargé de représenter le cabinet de Washington auprès du gouvernement d'Haïti. Je me félicite de ce pas décisif, dans la voie de progrès et de réparation, que viennent de faire les États du Nord ; car il amènera forcément entre les deux pays des relations politiques, industrielles et commerciales qui ne peuvent qu'être avantageuses à Haïti, surtout si nous avons le bon esprit de rester indépendants de nos nouveaux alliés et d'être leurs amis, sans nous laisser absorber par leur envahissante affection.

Je suis pris soudain d'un fou rire chaque fois qu'il m'arrive de jeter les yeux sur les journaux du pays. En vérité, mon cher X..., il semble que l'on ne mesure, chez nous, le mérite des gens qu'à la lourdeur de leur talent, et qu'on admire d'autant plus les gens qu'on comprend moins ce qu'ils écrivent. Cela prouve que nous n'avons pas encore tout à fait abandonné les errements de nos vingt dernières années, puisque nous faisons de grands hommes avec tous nos gobe-mouches au style prétentieux, creux, vide et sottement solennel. Tout personnage grave qui ose écrire gravement du vrai charabia, des billevesées incompréhensibles, est pris aussitôt pour un génie, même lorsqu'il n'est qu'une oie.

Les hommes capables sont bien rares, chez nous ; oui, malheureusement, et plus rares qu'on ne le croit. J'ai eu souvent occasion de juger, pièces en mains, ceux que l'on croit être très-forts, qui ne m'ont inspiré qu'un profond sentiment de pitié. Néanmoins, je les félicite d'avoir eu l'habileté de conserver, quand même, leur très-contestable réputation de *capacité* de premier ordre ; ainsi, ils auront toujours l'avantage de savoir faire utiliser les talents qu'on leur suppose trop volontiers, en les voyant continuellement offrir et même imposer leurs services à tous les régimes. Ils ne courent pas le risque d'être bafoués, comme ils le méritent, par la génération actuelle ; elle n'est pas assez intelligente pour cela. Ils ne lâcheront donc le pouvoir qu'avec leur vie ; mais ils auront la consolation suprême, pour leur suffisance et leur vanité, d'emporter avec eux, jusque dans la tombe, la conviction qu'ils ont de posséder, exclusivement, toute science infuse, et de n'en laisser plus une seule, à personne, après eux, dans notre pays, désormais voué aux ténèbres, puisqu'il sera privé de leurs lumières !

Il y a, dans le monde politique, des gens de talents et de bonne volonté, tels que vous, par exemple, mon cher X..., qui semblent être destinés à vieillir dans des postes secondaires, lorsque leur active virilité serait digne des emplois élevés, qu'ils remplissent, en réalité, sous la direction constante, mais purement nominale, de chefs hiérarchiques, qui ont perpétuellement tout l'honneur et tout le profit des travaux de leurs *subordonnés*. Ah ! qu'on a grand tort d'être doux et modeste, au milieu de tant de gens ambitieux et méchants, qui sont impropres à tout, mais qui se flattent de remplir d'emblée, sans étude et sans apprentissage, les fonctions les plus difficiles, solennels Béotiens, qui ne doutent de rien, puisqu'ils ne savent même pas prudemment douter d'eux-mêmes !

———

Lorsque parut à Paris une brochure intitulée *de la Gérontocratie en Haïti*, j'en écrivis mon opinion personnelle au général Lamothe. C'était, selon moi, une œuvre brutale de forme, impolitique dans son but, maladroite dans ses moyens, et dont la publication ne pouvait qu'ajouter de nouveaux embarras à ceux d'une situation déjà trop hérissée de difficultés. J'en fus d'autant plus affligé que la somme de petites vérités que peut contenir cette brochure ne me paraissaient pas compenser tout ce qu'elle pouvait créer de gros dangers par ses erreurs. Et je puis affirmer que personne n'a regretté plus que moi qu'on ait lancé dans Haïti un pareil brûlot. Les auteurs de cette brochure ne tardèrent pas, non point à être connus, mais *à se faire connaître eux-mêmes :* ce sont MM. E. Viellot et Labordère. Je l'ai su, comme tout le monde, de leur propre bouche ; j'en ai causé avec M. Ardouin. Mais, je n'aurais jamais cru qu'il pût, un moment, me soupçonner même d'avoir eu connaissance de cette brochure avant son apparition. Cela me semblait trop absurde.

Je n'ai jamais eu de relations avec M. Labordère et je

ne connaissais point M. Viellot avant la publication de son pamphlet. J'ai vu deux ou trois fois, seulement, M. Labordère à la légation, où il venait faire visite à son ami, M. Linstant. Et bien loin d'être lié avec lui personnellement, nous étions en froid, surtout depuis la révocation de M. Linstant (révocation qu'il m'attribuait à tort d'avoir causée), à ce point que nous ne nous saluïons plus. J'étais donc la dernière personne que M. Labordère aurait pu prendre pour confident, puisque, de son propre aveu, les auteurs s'étaient fait une loi de ne pas me communiquer leur brochure. Je ne sais donc pas sur quoi l'on pourrait fonder l'allégation de la moindre participation de ma part à la confection de cette œuvre tout à fait inopportune ; et il faudrait que la haine eût recours au mensonge ou même à la fabrication de faux documents pour établir en quoi que ce soit l'apparence d'une connivence de ma part, soit directe ou indirecte, avec ces deux messieurs au sujet de leur factum.

IMPRIMERIE CENTRALE DES CHEMINS DE FER. — A. CHAIX ET Cⁱᵉ. — 13398-4.